S
9175
(5)

AF325173

GOUVERNEMENT GÉNÉRAL DE L'INDOCHINE

PUBLICATIONS DE L'AGENCE ÉCONOMIQUE

III

RÉGIME DOUANIER DE L'INDOCHINE

LÉGISLATION ET TARIFS

1ᵉʳ Octobre 1923

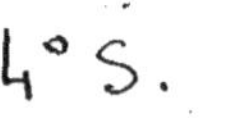

AGENCE ÉCONOMIQUE DE L'INDOCHINE
20, Rue La Boëtie, 20
PARIS
1923

PUBLICATIONS

DE

L'AGENCE ÉCONOMIQUE DE L'INDOCHINE

I. — ATLAS DES BOIS DE L'INDOCHINE, par H. Lecomte, membre de
l'Institut, professeur au Museum National d'Histoire Naturelle,
1919, in-4°, 254 pages et 247 microphotographies.
Édition en autocopie épuisée. Une nouvelle édition imprimée
est en préparation.

II. — ESSAIS EFFECTUÉS A L'ÉCOLE FRANÇAISE DE PAPETERIE DE GRENOBLE
AVEC DIVERSES PLANTES DE L'INDOCHINE, par L. Vidal et M. Aribert,
professeurs à l'Ecole Française de Papeterie, 1921, in-8°, 36 pages
et 3 planches. Prix : 5 fr. ; par poste : 5 fr. 30.

III. — RÉGIME DOUANIER DE L'INDOCHINE. LÉGISLATION ET TARIF. Nouvelle
édition mise à jour au 1er Octobre 1923, in-4°, 24 pages,
Prix : 5 fr. ; par poste : 5 fr. 15.

IV. — L'ÉVOLUTION INTELLECTUELLE ET MORALE DES ANNAMITES DEPUIS
L'ÉTABLISSEMENT DU PROTECTORAT FRANÇAIS. Conférence faite à
l'Ecole Coloniale, le 31 Mai 1922, par M. Pham-Quynh, directeur
de la Revue *Nam-Phong*, 1922, in-8°, 24 pages. Prix : 4 fr. ;
par poste : 4 fr. 15.

V. — LISTE DES PLANTES A PARFUM DE L'INDOCHINE. Rapport présenté
au Congrès de la Production Coloniale, tenu à Marseille en
Juin 1922. gr. in-8°, 18 pages. Prix : 4 fr. ; par poste : 4 fr. 15.

VI. — LE RIZ ET LE MAIS EN INDOCHINE. Rapports présentés au Conseil
Supérieur des Colonies, Section des Produits Alimentaires,
1922, in-8°, 25 pages, Prix : 4 fr. ; par poste : 4 fr. 15.

VII. — NOTE SUR LE BENJOIN D'INDOCHINE, dit « BENJOIN DE SIAM », 1923
in-8°, 25 pages, Prix : 4 fr. ; par poste : 4 fr. 15.

INDOCHINE

Le régime douanier de l'Indochine est, dans l'ensemble, identique à celui de la France; toutefois, en vertu de la loi du 11 janvier 1892, des dérogations peuvent être apportées par décrets au tarif métropolitain de certaines marchandises. Il a été institué ainsi un tarif spécial à l'Indochine qui ne porte d'ailleurs que sur un nombre très restreint de rubriques, la plupart consacrées à des marchandises d'origine chinoise exclusivement destinées à la consommation des Asiatiques.

Le tableau des droits de sortie n'est pas plus développé; il n'affecte qu'une trentaine de rubriques et les droits sont trop modérés pour entraver les transactions avec l'extérieur.

Il convient, d'ailleurs, de remarquer que les marchandises françaises importées en Indochine en transport direct et accompagnées d'un passavant ou d'un acquitt-à-caution régulier y sont admises en exemption de tous droits autres que les droits de consommation et de circulation intérieure; de même, les produits exportés de la colonie à destination de la France et des autres colonies françaises sont exonérés des droits de sortie. Enfin, à l'importation dans la métropole les marchandises du cru de l'Indochine, accompagnées d'un certificat d'origine sont admises en franchise, à l'exception des sucres, des mélasses, des produits sucrés et des poivres. Encore les poivres indochinois bénéficient-ils, jusqu'à concurrence d'un contingent annuel de 2.500 tonnes, d'une détaxe de 104 francs par 100 kilogs sur les droits des poivres étrangers.

On voit par ce qui précède que la législation en vigueur est extrêmement favorable au développement des relations économiques entre la France et sa grande colonie d'Extrême-Orient.

Il n'est perçu en Indochine aucune surtaxe d'entrepôt.

Le droit de statistique est applicable dans la colonie d'après les mêmes règles que dans la Métropole.

Il existe en outre pour les marchandises expédiées sous le couvert du transit international à travers l'Indochine un droit égal au cinquième des droits d'importation. Ce droit est basé sur le tarif à l'importation antérieur à la mise en vigueur en Indochine des décrets du 28 mars 1921 et subséquents.

Les prohibitions d'importation et d'exportation sont actuellement limitées à un très petit nombre d'articles, savoir :

A l'importation, l'opium brut et officinal, le chanvre indien, les plants d'hévéas, les plants, boutures, feuilles et graines de canne à sucre, les plants et fragments de plants de caféiers, les cerises, graines et grains de café et, en général, tous produits susceptibles d'héberger le scolyte du grain de café; les alcools d'origine et de provenance étrangère, les produits chimiques et pharmaceutiques visés par l'article 2 de la loi du 7 novembre 1919, les contrefaçons en librairie et les monnaies d'argent.

A l'exportation l'opium brut ou officinal, l'or, le platine, et l'argent bruts en masses, lingots, barres, poudre, objets détruits, les contrefaçons en librairie, les armes de guerre, les papiers représentatifs de la monnaie et les monnaies d'or, d'argent, de cuivre et de billon, les bâtiments de mer.

Certaines de ces prohibitions ne sont, du reste, pas absolues et des dérogations peuvent y être apportées par le Gouvernement Général.

Le tarif minimum ne joue pas pour les articles qui sont repris aux rubriques du tarif spécial en Indochine. Nous donnons ci-après la liste des pays bénéficiant, en Indochine, du tarif minimum ou de régimes spéciaux.

En résumé, à l'importation les produits étrangers importés en Indochine sont soumis aux mêmes droits que s'ils étaient importés en France. Des décrets en forme de règlements d'administration publique déterminent les produits qui, par exception à cette disposition, sont l'objet d'une tarification spéciale (art. 3 et 4 de la loi du 11 janvier 1892). A l'exportation, les droits qui, dans la Métropole, frappent certaines marchandises ne sont pas applicables en Indochine s'ils n'ont pas fait l'objet de décrets spéciaux à la Colonie. Il en est de même pour les interdictions à la sortie.

Dans les tableaux qui suivent nous nous bornons donc à publier le relevé de ces exceptions avec l'indication des textes qui les ont établies.

TABLEAU DES DROITS DE DOUANE
PERÇUS EN INDOCHINE PAR DÉROGATION AU TARIF MÉTROPOLITAIN

IMPORTATION

Les produits étrangers importés en Indochine sont soumis aux mêmes droits que s'ils étaient importés en France. Des décrets en forme de règlements d'administration publique déterminent les produits qui, par exception à cette disposition, sont l'objet d'une tarification spéciale (Art. 3 et 4 de la loi du 11 janvier 1892).

L'application des coefficients n'a pas pour effet de modifier la base de la tarification au brut, au net ou au demi-brut, telle qu'elle résulte des tarifs de 1892 et subséquents.

MATIÈRES ANIMALES	TARIF GÉNÉRAL	TARIF MINIMUM	COEFFICIENTS	UNITÉS SUR LESQUELLES PORTENT LES DROITS	TITRES DE PERCEPTION
CHAPITRE Ier **ANIMAUX VIVANTS** Toutes rubriques du chapitre.	Exempts	Exempts	»		Décret du 29 décembre 1898
CHAPITRE II **PRODUITS ET DEPOUILLES D'ANIMAUX** Lait (même stérilisé ou peptonisé sans concentration)..................	Exempt	Exempt	«		Idem
Lait concentré (1) additionné de sucre dans la proportion de 50 % et plus..	65 fr. (2)	26 fr. (3)		100 k. net	Circ. N° 3632 du 22 nov. 1906.
Lait concentré additionné de sucre dans la proportion de moins de 50 %.....	Moitié des droits du sucre raffiné plus 45 fr. (4).	«		100 k. net	Loi du 11 janv. 1892 et du 21 nov. 1906.
Lait concentré additionné de sucre dans la proportion de moins de 40 %....	»	40% des droits du sucre raffiné plus 6 fr. (5).		100 k. net	Idem
Lait concentré additionné de sucre dans la proportion de 40 % inclusivement à 50 % exclusivement............	»	Moitié des droits du sucre raffiné plus 6 fr. (6).		100 k. net	Idem
Farine Lactée (1) additionnée de sucre.	Mêmes droits que le lait concentré sucré selon la proportion de sucre.				
Nids d'hirondelles................	100 fr.	100 fr.		100 k. net	décembre 1898.

(1) La tarification spéciale du lait concentré sucré et de la farine lactée sucrée en Indochine n'est pas la conséquence d'une dérogation par décret à la loi du 11 janvier 1892. Elle résulte de ce fait que les taxes de consommation incorporées dans le droit de douane de la métropole ne sont pas perçues dans la Colonie.

(2) Droit du sucre raffiné : 20 fr. + droit fixe de 45 fr. = 65 fr.

(3) Droit du sucre raffiné : 20 fr. + droit fixe de 6 fr. = 26 fr.

MATIÈRES ANIMALES ET VÉGÉTALES	TARIF GÉNÉRAL	TARIF MINIMUM	COEFFICIENTS	UNITÉS SUR LESQUELLES PORTENT LES DROITS	TITRES DE PERCEPTION
CHAPITRE III **PÊCHES**					
Poissons secs, salés ou fumés autres que les morues, stockfischs, harengs, maquereaux, sardines et anchois......	10 fr.	10 fr.		100 kil. brut	Décret du 29 décembre 1898
Crevettes sèches, biches de mer, ailerons de requins, algues marines....	10 fr.	10 fr.		100 kil. brut	Idem
CHAPITRE VI **FARINEUX ALIMENTAIRES**					
Vermicelle chinois.................	10 fr.	10 fr.	2	100 kil. brut	Idem
Légumes secs d'origine chinoise......	5 fr.	5 fr.		100 kil. brut	Idem
Pommes de terre....................	Exemptes	Exemptes		»	Idem
CHAPITRE VII **FRUITS ET GRAINES**					
Fruits de table frais d'origine chinoise.	Exempts	Exempts		»	Décret du 10 octobre 1908.
Fruits de table secs ou tapés n'ayant pas de similaires en Europe........	5 fr.	5 fr.		100 kil. brut	Idem
Graines à ensemencer..............	Exemptes	Exemptes		»	Décret du 29 décemb. 1898.
Noix d'arec fraîches...............	8 fr.	8 fr.	2	100 kil. brut	Idem
Noix d'arec sèches................	15 fr.	15 fr.	2	100 kil. brut	Idem
CHAPITRE VIII **DENRÉES COLONIALES DE CONSOMMATION**					
Sucres des colonies et possessions françaises en poudre et raffinés (candis et autres) (7)....................	Exempts	Exempts		»	Loi du 11 janvier 1892.
Sucres étrangers en poudre dont le rendement présumé au raffinage est de 98 % au moins (8)...............	19 fr. 50	19 fr. 50	2,5	100 k. net poids effectif (11)	Décrets des 21 août et 19 octobre 1903.

(4) Droit total 55 francs ($\frac{20}{2} + 45 = 55$).

(5) Droit total 14 francs ($\frac{20 \times 40}{100} + 6 = 14$).

(6) Droit total 16 francs ($\frac{20}{2} + 6 = 16$).

(7) On ne considère comme produits des colonies et possessions françaises que ceux qui sont importés directement.

MATIÈRES VÉGÉTALES	TARIF GÉNÉRAL	TARIF MINIMUM	COEFFICIENTS	UNITÉS SUR LESQUELLES PORTENT LES DROITS	TITRES DE PERCEPTION
Mêmes sucres étrangers plus de 98 p. 100 (8)......................	20 fr. 00	20 fr. 00	2.5	100 k. net poids effectif (11)	Décrets des 21 août et 19 octobre 1903.
Sucres étrangers raffinés candis et autres (8).......................	20 fr. 00	20 fr. 00	2.5	Idem	Idem
Sucres noirs dits galettes chinoises.	17 fr. 00	17 fr. 00		100 k. net	Décret du 26 août 1904.
Sirops, bonbons, fruits confits au sucre des colonies et possessions françaises (7)...................	Exempts	Exempts		»	Loi du 11 janvier 1892.
Sirops, bonbons, fruits confits au sucre des pays étrangers autres que la Chine (8)......................	20 fr. 00	20 fr. 00	3 (sur le droit de douane du sucre)	100 k. net	Idem
Sirops, bonbons, confitures au sucre d'origine chinoise................	1/2 droit du tarif métropolitain, soit 10 fr. (10).		2	Idem	Décret du 29 décemb. 1898.
Biscuits sucrés des colonies et possessions françaises (7).............	Exempts	Exempts		»	Loi du 11 janvier 1892.
Biscuits sucrés des pays étrangers (9)..	28 fr. 00	24 fr. 00	3 (11 bis)	100 k. net	Idem
Confitures au sucre ou au miel des colonies et possessions françaises (7)..	Exemptes	Exemptes		»	Idem
Mêmes confitures des pays étrangers (9)......................	10 fr. 00	10 fr. 00	3 (11 ter)	100 k. net	Idem
Bétel...........................	15 fr. 00	15 fr. 00		100 k. brut	Décret du 29 décemb. 1898.
Tabacs en feuilles d'origine chinoise (12)......................	50 fr. 00	50 fr. 00		100 k. net	Décret du 10 octobre 1908.
Tabacs en feuilles d'autres provenances étrangères...................	100 fr. 00	100 fr. 00		100 k. net	Idem
Côtes de tabacs pour engrais........	Exemptes	Exemptes		»	Idem
Tabacs fabriqués :					
Cigares et cigarettes de toutes provenances étrangères (12)...........	250 fr. 00	250 fr. 00	5	100 k. net	Idem
Tabacs préparés d'origine chinoise (12)	70 fr. 00	70 fr. 00	5	Idem	Décret du 22 novemb. 1911
Tabacs préparés d'autres provenances étrangères (12)...................	250 fr. 00	250 fr. 00	5	Idem	Décret du 10 octobre 1908.

(8) La Convention de Bruxelles ayant été dénoncée par la France, les anciens droits ont été majorés de 14 francs par 100 kilogrammes.

(9) Par suite de la dénonciation par la France de la Convention de Bruxelles, les anciens droits ont été majorés de 7 fr. par 100 kilogrammes.

(10) Le droit métropolitain s'entend ici net des taxes intérieures non applicables à l'Indochine.

(11) « Poids effectif » est pris ici par opposition à « Poids de sucre raffiné », mode de perception appliqué en France à certains sucres.

(11 bis) Sur la portion du droit total représentant le droit de douane du sucre, soit 10 francs, et celui de la farine, soit 8 francs.

(11 ter) Sur la portion du droit total représentant la moitié du droit de douane du sucre de 20 francs.

MATIÈRES VÉGÉTALES	TARIF GÉNÉRAL	TARIF MINIMUM	COEFFICIENTS	UNITÉS SUR LESQUELLES PORTENT LES DROITS	TITRES DE PERCEPTION
CHAPITRE IX **HUILES ET SUCS VÉGÉTAUX**					
Opium brut ou préparé (13)........	Prohibé	Prohibé		»	Décret du 29 décemb. 1898.
CHAPITRE X **ESPÈCES MÉDICINALES**					
Espèces médicinales d'origine extra-européenne destinées à la fabrication des essences et parfums..........	Exemptes (15)	Exemptes (15)	»	»	Décret du 30 juin 1921.
Espèces médicinales d'origine extra-européennes autres................	60 fr.	60 fr.	6	100 k. net	Idem
Feuilles et fleurs de chanvre indien (Cannabis indica)................	Prohibées	Prohibées		»	Décret du 3 novemb. 1910
CHAPITRE XI **BOIS**					
Bois de chêne, de pin et de teck......	Exempts	Exempts		»	Décret du 10 octobre 1908.
CHAPITRE XII **FILAMENTS, TIGES ET FRUITS** **A OUVRER**					
Chanvre peigné....................	Exempt	Exempt		»	Décret du 29 décemb. 1898.
Bambous bruts ou simplement fendus	6 fr. 00	6 fr. 00		100 k. brut	Idem
Rotins entiers ou fendus...........	Exempts	Exempts		»	Idem
CHAPITRE XIV **PRODUITS ET DÉCHETS DIVERS**					
Légumes frais de toutes sortes, d'origine chinoise..................	Exempts	Exempts		»	Décret du 26 août 1904.

(12) Indépendamment des droits de douane, les tabacs importés en Indochine sont assujettis à la taxe de circulation intérieure fixée par les arrêtés du 19 avril 1906 et du 17 octobre 1921 aux tarifs suivants :

1° Tabacs en feuilles ou coupés non préparés pour être chiqués ou fumés................ 0 p. 20 par kilo.
2° Tabacs de qualité inférieure préparés pour être fumés ou chiqués, en vrac ou en ballots. 0 p. 30 —
3° Tabacs dits chinois.. 0 p. 75 —
4° Tabacs préparés pour être fumés ou chiqués, en boîtes ou paquets sous bandes, ou revêtus d'étiquettes ou de marques de fabrique, et cigarettes............................ 1 p. 25 —
5° Cigares.. 2 p. 55 —

Les tabacs indigènes rendus impropres à la consommation humaine et destinés à la préparation de la décoction antiparasitaire des poivriers sont exonérés de la taxe de circulation (arrêtés des 8 juillet 1903 et 30 août 1906).

Les tabacs mis en vente en Indochine sont assujettis au contrôle par vignettes. Pour les tabacs importés, les vignettes sont apposées au bureau des douanes (arrêtés du 20 juin 1921).

(13) L'opium brut et officinal est prohibé à l'importation par le décret du 16 juillet 1919. Voir aussi l'arrêté du 18 octobre 1921 du Gouverneur Général.

MATIÈRES VÉGÉTALES	TARIF GÉNÉRAL	TARIF MINIMUM	COEFFICIENTS	UNITÉS SUR LESQUELLES PORTENT LES DROITS	TITRES DE PERCEPTION
Ail	8 fr. oo	8 fr. oo		100 k. brut	Décret du 29 décemb. 1898.
Plants entiers ou fragments de plants, de boutures ou de feuilles de canne à sucre, à l'état vert ou à l'état sec, graines de cannes à sucre (14)......	Prohibés	Prohibés		»	Arrêté du 17 mai 1921 du Ministre des Colonies.
Plants d'hévéas	Prohibés	Prohibés		»	Arrêtés des 7 juin 1910 et 4 juillet 1911 du Gouverneur général et arrêté du 19 juin 1914 du Ministre des Colonies.
Plants et fragments de plants de caféiers, cerises de café fraîches ou sèches, graines en parche et grains de café décortiqués, frais ou secs et non grillés, terre, composts, sacs, caisses et emballages ayant servi au transport des articles précédemment énumérés, graines, plantes entières et fragments de plantes, notamment les hibiscus et les ronces (Rubus), susceptibles d'héberger le scolyte du grain de café (Stéphanodores coffea S. Hampei).	Prohibés	Prohibés			Arrêté du 27 février 1922 du Ministre des Colonies.
Poudres à jossticks................	15 fr. oo	15 fr. oo		100 k. brut	Décret du 29 décemb. 1898.

CHAPITRE XV

BOISSONS

MATIÈRES VÉGÉTALES	TARIF GÉNÉRAL	TARIF MINIMUM	COEFFICIENTS	UNITÉS SUR LESQUELLES PORTENT LES DROITS	TITRES DE PERCEPTION
Bière	12 fr. oo	12 fr. oo		100 k. brut	Décret du 26 août 1904.
Boissons distillées (17) :					
Alcools d'origine et de provenance étrangère	Prohibés (16)	Prohibés (16)		»	Décret du 8 juillet 1919.
Vins parfumés chinois..............	20 fr. oo	20 fr. oo	2	L'hectolitre de liquide	Décret du 29 décemb. 1898.

(14) La prohibition n'est absolue que pour certaines provenances (voir l'arrêté).

(15) A charge d'être dirigées sur une fabrique d'essences et parfums et mises en œuvre sous la surveillance du Service des Douanes.

(16) La prohibition ne s'applique ni aux alcools étrangers déclarés à Haïphong pour le transit à destination du Yunnan (décret du 23 mars 1920), ni aux liqueurs.

(17) Les alcools sont frappés en Indochine d'une taxe de consommation intérieure ainsi fixée : alcools européens : une piastre vingt centièmes par litre d'alcool pur; vins de Chine, alcools parfumés, liqueurs à base d'alcool de riz, alcools vieillis et, en général, tous les alcools indigènes de luxe : cinquante centièmes de piastre par litre d'alcool pur; alcools ordinaires non rectifiés préparés pour la consommation des indigènes : trente centièmes de piastre (arrêté du 17 octobre 1921); alcools destinés à un usage industriel et dénaturés suivant les procédés indiqués au titre IV de l'arrêté du 20 décembre 1902 et au tableau y annexé : un centime par litre d'alcool pur (arrêté du 20 décembre 1920).

Les boissons hygiéniques ayant une force alcoolique égale ou inférieure à douze degrés (vins, cidres, poirés, à condition qu'ils soient le produit naturel de la fermentation de fruits frais, bière, hydromels, etc.), sont exonérés en Indochine de toute taxe de consommation (art. 47 de l'arrêté du 18 octobre 1921).

Les vins de liqueur acquittent la taxe des alcools rectifiés sur les quantités totales d'alcool qu'ils contiennent (art. 48 de l'arrêté du 18 octobre 1921).

Les médicaments à base d'alcool, les alcools neutres et les vins de liqueur destinés à leur préparation sont exonérés de la taxe de consommation.

Sont exclus de l'exonération les alcools neutres vendus en nature, les liqueurs dites de ménage, les préparations ayant à la fois le caractère de produits pharmaceutiques et de produits de parfumerie ou d'hygiène, tels que eau de Cologne, dentifrices, lotions capillaires, eaux de toilette, etc. (art. 49 de l'arrêté du 18 octobre 1921).

Les médicaments exonérés de la taxe de consommation sont, limitativement, dénommés ci-après :

Pepto-fer Jaillet (Elixir au peptonate de fer).
Boldo-Verne (Teinture de Boldoa-Fragans).
Elixirs de Mialhe et de Boudault (à la pepsine).
Elixir Monavon (à la kola).
— de Guillié (à la scammonée, au jalap Xa).
— de Virginie (t. e. hamamelis virginica et capsicum brasil).
Vin Aroud (au quina, fer, viande).
— de Bugeau (au cacao).
— de Catillou (à la peptone).
— de Chassaing (pepsine et diastase).
— de Deschiens (à l'hémoglobine).
— de Désiles (au kola, coca, iode et phosphate de chaux).
— de Dusart (au lacto-phosphate de chaux).
— de Lavoix (au quina et phosphate de chaux).
— de Mariani (à la coca).
— de Monavon (à la kola).
— de Vial (au quina et phosphate de chaux).
— de Vivien (à l'extrait d'huile de foie de morue).
— de Nourry (à l'iode et au tanin).
Iodoforme.
Salol.
Salicylate de soude.
Teinture d'arnica.

Bovinine.
Chlorodyne.
Extraits ou elixirs d'eucalyptus.
Extraits alcooliques de { alétria farineuse. / coudrier. / racine de Thapsia. / coca. }
Rob-Lechaux.
Coaltar saponiné Le Bœuf.
Salseparaille parisienne de Grimault.
Quina Laroche..
Elixir Godineau.
Vin Jamet (au glycéro-phosphate de chaux).
Elixir de Grimault (à la pepsine).
— de Boldo-Verne.
— de Papéine Trouette-Perret.
— Toni-radical au Colombo de Blottierre.
Vin urané de Pesqui.
— d'Anduran.
— de Bravais au quinquina.
— Quinium Labarraque.
Vin de Peptone Chapoteaut.
Elixir vital de Quentin.
— de Gaïacol Dégoulet.
— de Bonjean.
— de Bravais.

Un certain nombre de produits médicinaux, à base d'alcool dénaturé, échappent à la taxe de consommation des alcools dénaturés; ce sont les produits suivants :

DÉSIGNATION DES PRODUITS ADMIS A LA DÉTAXE	PROPORTION d'alcool imposable en principe	DATES DES DÉCISIONS Comité des Arts et Manufactures
Aconitine	30.00 c. par kilo.	31 janvier 1883.
Atropine	25.00 — —	— —
Brucine	25.00 — —	— —
Caféine	15.00 — —	— —
Chloral et hydrate de chloral	1.22 — —	5 avril 1882 et 31 janvier 1883.
Chloroforme	2.00 — —	18 septembre 1867 et 31 janvier 1883.
Cicutine, conine, conicine	10.00 — —	31 janvier 1883.
Collodion (18)	1.19 par litre.	— —
Diastase	10.00 par kilo.	— —
Digitaline	30.00 — —	— —
Elatérine	10.00 — —	— —
Emétine	20.00 — —	— —
Ergotine de Bonjean	5.00 — —	— —
Escrine (sulfate)	20.00 — —	— —
Esérine cristallisé	25.00 — —	— —
Ether simple ou sulfurique	22.00 — —	21 février 1866 et 31 janvier 1883.
Ether bromhydrique (bromure d'éthyle)	1.00 — —	25 octobre 1882.
Ether iodhydrique (iodure d'éthyle)	1.00 — —	— —
Ether nitrique	2.00 — —	— —

(18) Si le collodion importé ne contient pas au moins de 12 à 15 gr. de pyroxiline par litre, ou s'il renferme plus de 50 cl. d'alcool par litre, il doit être frappé du droit de consommation de l'alcool ordinaire. La base de la perception reste fixée, même dans ce cas, à un litre 19 d'alcool par litre de collodion.

DÉSIGNATION DES PRODUITS ADMIS A LA DÉTAXE	PROPORTION d'alcool imposable en principe	DATES DES DÉCISIONS Comité des Arts et Manufactures
Ether chlorydrique (19)	2.50	—
Ether chlorydrique chloré (19)	6.00	—
Ether composé (acétique oenautique)	1.25	13 mars 1878 et 31 janvier 1883.
Ether butyrique et toutes les essences de fruits	1.00	31 janvier 1883.
Éthylate de soude (alcool sodé)	1.50	25 octobre 1882.
Extraits alcooliques divers	7.00	31 janvier 1883.
Fulminate de mercure	7.20	30 octobre 1872 et 31 janvier 1883.
Hyoscyamine cristallisée	20.00	31 janvier 1883.
Jalapine	6.00	—
Nicotine	5.00	—
Pelletiérine	10.00	—
Pilocarpine et ses sels	15.00	—
Résine de scammonée blanche	10.00	—
Résine de Jalap blanche	10.00	—
Santonine	20.00	—
Savons transparents	0.30	23 juillet 1873 et 31 janvier 1883.
Strychnine	5.00	31 janvier 1883.
Sulfovinates	2.00	—
Tannin	2.00	8 août 1877 et 31 janvier 1883.
Valérianate de quinine	5.00	31 janvier 1883.
Valline	10.00	—
Vératrine	20.00	—

(19) La solution alcoolique d'éther chlorhydrique est passible du droit de consommation de l'alcool ordinaire.

MATIÈRES MINÉRALES ET FABRICATIONS	TARIF GÉNÉRAL	TARIF MINIMUM	COEFFICIENTS	UNITÉS SUR LESQUELLES PORTENT LES DROITS	TITRES DE PERCEPTION
CHAPITRE XVI **MARBRES, PIERRES, TERRES COMBUSTIBLES, MINERAUX, etc.**					
Pierres de construction ouvrées ou non	Exemptes	Exemptes		»	Décret du 29 décemb. 1898
Huiles minérales de toute espèce......	4 fr. 00 (20)	4 fr. 00 (20)		100 k. brut	Idem
CHAPITRE XVIII **PRODUITS CHIMIQUES (22)**					
Sel marin, sel de saline et sel gemme : bruts ou raffinés autres que blancs..	2 fr. 40 (21)	2 fr. 40 (21)		100 k. brut	Loi du 11 janvier 1892.
Raffinés blancs...................	3 fr. 30 (21)	3 fr. 30 (21)		100 k. brut	Idem
CHAPITRE XXI **COMPOSITIONS DIVERSES**					
Sauces et autres préparations culinaires non dénommées, d'origine chinoise	10 fr. 00	10 fr. 00		100 k. brut	Décret du 10 octobre 1908.
Médicaments composés à l'usage des Asiatiques, ne figurant pas dans une pharmacopée officielle, en vrac....	60 fr. 00	60 fr. 00	6	100 k. net	Décret du 26 août 1904.
Les mêmes en boîtes et en flacons....	150 fr. 00	150 fr. 00	6	100 k. net	Décret du 29 décemb. 1898.
Extraits de chanvre indien et toutes préparations dérivées du chanvre indien (cannabis indica), non destinés aux pharmacies européennes......	Prohibés	Prohibés		»	Décret du 3 novemb. 1910
Jossticks préparés.................	15 fr. 00	15 fr. 00	3	100 k. brut	Décret des 29 déc. 1898 et 18 fév. 1909
CHAPITRE XXII **POTERIES**					
Poteries ordinaires d'origine chinoise	6 fr. 00	6 fr. 00	3	100 k. brut	Décret du 29 décemb. 1898.

(20) Les huiles minérales propres à l'éclairage sont frappées en Indochine d'une taxe de consommation intérieure de deux piastres et vingt centièmes de piastre par 100 kilogs brut (arrêté du 17 octobre 1921). Consulter l'arrêté du 11 juin 1912 sur l'importation et la mise en entrepôt des huiles minérales.

(21) Les droits de douane sur le sel (marin, de saline ou sel gemme) sont les mêmes que dans la métropole, mais en Indochine, il est perçu, en outre une taxe de consommation de deux piastres vingt-cinq centièmes de piastre par quintal métrique (art. 15 de l'arrêté du 18 octobre 1921). Les sels destinés à la nourriture des bestiaux, à la préparation des engrais, à l'amendement direct des terres, au désherbage des routes ainsi que les sels destinés à l'industrie sont, à la condition d'être dénaturés de manière à ne pouvoir servir à l'alimentation humaine, exonérés de la taxe de consommation (art. 20 de l'arrêté du 18 octobre 1921).

(22) L'importation des alcaloïdes de l'opium (à l'exception de la codéine), de leurs sels et de leurs dérivés, de la cocaïne, de ses sels et de ses dérivés, de la diacétylmorphine et de ses sels, de l'extrait d'opium, du haschich et de ses préparations et de la morphine et de ses sels, ne peut être autorisée qu'au profit exclusif des pharmaciens diplômés et de certains laboratoires et établissements scientifiques.

FABRICATIONS	TARIF GÉNÉRAL	TARIF MINIMUM	COEFFICIENTS	UNITÉS SUR LESQUELLES PORTENT LES DROITS	TITRES DE PERCEPTION
Faïences ordinaires d'origine chinoise	10 fr.	10 fr.	3	100 k. brut	Décret du 29 décemb. 1898
Porcelaines communes blanches ou décorées d'une seule couleur, dessin ordinaire, épaisseur de moulage assez forte, pâte opaque ou à transparence à peine sensible, d'origine chinoise	10 »	10 »	4	Idem	Idem

CHAPITRE XXIV

FILS

FABRICATIONS	TARIF GÉNÉRAL	TARIF MINIMUM	COEFFICIENTS	UNITÉS SUR LESQUELLES PORTENT LES DROITS	TITRES DE PERCEPTION
Fils de coton pur, simples, écrus, mesurant au kilogramme 31.000 mètres ou moins..................	34 fr. 50 (A)	23 fr. 00 (B)	4	100 k. { A net / B brut	Décret du 30 juin 1911.
Les mêmes, plus de 31.000 mètres, pas plus de 41.000 mètres............	42 fr. 00 (A)	28 fr. 00 (B)	4	100 k. { A net / B brut	Idem
Fils de soie à broder, écrus	200 »	200 »		100 k. net	Décret du 29 décemb. 1898
Fils de soie à broder, teints	300 »	300 »		100 k. net	Idem

CHAPITRE XXV

TISSUS

FABRICATIONS	TARIF GÉNÉRAL	TARIF MINIMUM	COEFFICIENTS	UNITÉS SUR LESQUELLES PORTENT LES DROITS	TITRES DE PERCEPTION
Tissus de jute pur, présentant en chaîne et en trame, dans un carré de 5 centimètres de côté après division du total par 2 (1) :					Décret du 7 janvier 1923.
Écrus, 50 fils et au-dessous..	15 »	10 »		100 kil.	
Écrus plus de 50 fils........	30 »	20 »		100 kil.	Idem
Crémés, blanchis ou teints ou mélangés de fils écrus, crémés, blanchis ou teints....	Droits des tissus écrus, augmentés de : 7 50 aux 100 kil.	6 » aux 100 kil.		»	Idem
Imprimés	Droits des tissus crémés, blanchis ou teints, augmentés de : 9 » aux 100 kil.	6 » aux 100 kil.		»	Idem
mélangé, le jute dominant en poids	Régime des tissus de jute pur			»	Idem
Sacs neufs ou usagés :					
Importés vides	Droits des tissus qui les composent augmentés de : 10 p. 100	10 p. 100		»	Idem
Importés pleins (2 et 3)....	Moitié des mêmes droits.			»	Idem
Semelles en fils de jute..........	26 »	20 »		100 kil.	Idem
Passementerie, rubanerie	104 »	80 »		100 kil.	Idem

(1) Dans le compte des fils de chaîne, comme dans celui des fils de trame, les fractions de fil sont négligées.

(2) Lorsqu'une marchandise est importée dans plus d'un sac, un seul acquitte le demi-droit; les autres payent le droit entier. Pour les sacs pleins, la liquidation pourra avoir lieu sur le poids résultant du calcul de la tare légale.

(3) Les sacs contenant des sels potassiques ou autres produits chimiques destinés à l'agriculture, sont affranchis du demi-droit.

FABRICATIONS	TARIF GÉNÉRAL	TARIF MINIMUM	COEFFICIENTS	UNITÉS SUR LESQUELLES PORTENT LES DROITS	TITRES DE PERCEPTION
Tissus de jute Tapis ras ou à poils.............	48 fr.	32 fr.		100 kil.	Décret du 7 janvier 1922.
Velours et peluches pour ameuble-ment et imitation de fourrure..					
Ecrus	98 »	65 »		100 kil.	Idem
Blanchis, teints ou imprimés...	120 »	80 »		100 kil.	Idem
Tissus de soie d'origine chinoise......	200 »	200 »	4	100 k. net	Décret du 29 décemb. 1898
Broderies à la main ou à la mécanique, de toute nature, d'origine chinoise.	500 »	500 »	4	Idem	Idem
Vêtements chinois en soie, non brodés	300 »	300 »	4	Idem	Idem
Vêtements chinois en soie, brodés....	800 »	800 »	4	Idem	Idem

CHAPITRE XXVI

PAPIER ET SES APPLICATIONS

FABRICATIONS	TARIF GÉNÉRAL	TARIF MINIMUM	COEFFICIENTS	UNITÉS SUR LESQUELLES PORTENT LES DROITS	TITRES DE PERCEPTION
Papier et enveloppes chinois de toute nature autres que ceux portant an-nonces ou réclames commerciales ou autres	20 »	20 »	4	100 k. brut	Décret du 10 octobre 1908.
Papier destiné au culte.............	20 »	20 »	3	Idem	Idem
Albums à images ou images simples de Chine	15 »	15 »	3	Idem	Décret du 29 décemb. 1898
Journaux et écrits périodiques chinois	Prohibés	Prohibés		»	Arrêté du 10 janvier 1916.
Cartes à jouer asiatiques ou autres (22 bis)	1.000 fr. 00	1.000 fr. 00	4	100 k. net	Décret du 29 décemb. 1898
Eventails, parapluies, ombrelles en pa-pier ou bambous ou bois, panneaux en papier d'origine chinoise......	15 fr. 00	15 fr. 00	3	100 k. brut	Idem

CHAPITRE XXVII

PEAUX ET PELLETERIES OUVREES

FABRICATIONS	TARIF GÉNÉRAL	TARIF MINIMUM	COEFFICIENTS	UNITÉS SUR LESQUELLES PORTENT LES DROITS	TITRES DE PERCEPTION
Souliers chinois	0 fr. 125	0 fr. 125	3	La paire	Décret du 10 octobre 1908.
Malles et oreillers dits de Canton en peau ou en cuir factice............	18 fr. 00	18 fr. 00	3	100 k. brut	Décret du 29 décemb. 1898

(22 bis) Les cartes à jouer asiatiques acquittent une taxe de circulation de 30 piastres par 100 kilogs net. Les cartes à portraits français ou étrangers sont assujetties à une taxe de circulation de quatre centièmes de piastre par jeu de 32 cartes et de six centièmes de piastre par jeu de 52 cartes (arrêté du 16 février 1922).

FABRICATIONS	TARIF GÉNÉRAL	TARIF MINIMUM	COEFFICIENTS	UNITÉS SUR LESQUELLES PORTENT LES DROITS	TITRES DE PERCEPTION
Bourses en cuir de Chine et autres articles de cuir, d'origine et de fabrication chinoises	18 fr. 00	18 fr. 00	3	100 k. brut	Décret du 29 décemb. 1898
CHAPITRE XXVIII — **OUVRAGES EN MÉTAUX**					
Monnaies d'argent.................	Prohibées			»	Décret du 3 juin 1903.
Machines agricoles (moteurs non compris), destinées à la culture du riz, machines accessoires destinées à la préparation de cette denrée........	15 fr. 00	Exemptes		100 k. brut	Décret du 30 juin 1911.
Machines complètes, montées ou démontées, destinées à l'extraction de l'or (moteurs non compris)........	8 fr. 00	8 fr. 00		Idem	Décret du 30 nov. 1907.
Caisses et bidons en fer blanc ayant servi au transport des huiles minérales	26 fr. 00	Exempts		Idem	Décret du 30 juin 1911.
Boîtes et caisses en fer blanc ayant servi au logement des produits alimentaires	Exemptes	Exemptes		»	Décret du 3 juin 1903.
CHAPITRE XXIX — **ARMES, POUDRES ET MUNITIONS**					
Poudres à tirer et cartouches de chasse chargées	10 % (23) ad valorem	10 % (23) ad valorem		Valeur	Décret du 29 décemb. 1898
Artifices pour divertissements........	400 fr. 00 (24)	100 fr. 00 (24)	1,6	100 k. net	Loi du 11 janvier 1892.
Artifices et pétards d'origine chinoise.	30 fr. 00 (25)	30 fr. 00 (25)	4	100 k. brut.	Décret du 26 août 1904.
CHAPITRE XXXI — **OUVRAGES EN BOIS**					
Sabots chinois....................	2 fr. 50	2 fr. 50	3	100 k. brut.	Décret du 29 décemb. 1898

(23) En France, la poudre à tirer et les cartouches de chasse pleines sont prohibées. En Indochine, ces articles paient en sus du droit de douane, une taxe de consommation de cinquante centièmes de piastre par kilo pour les poudres noires, de une piastre et cinquante centièmes pour les poudres pyroxylées, de cinq piastres par cent kilos pour les cartouches chargées à la poudre noire, et de sept piastres et cinquante centièmes pour les cartouches chargées à la poudre pyroxylée (arrêté du 21 novembre 1913).

(24) Les droits de douane sont les mêmes qu'en France, mais il est perçu en sus une taxe de consommation de quatre piastres par cent kilos.

(25) Plus une taxe de consommation de quatre piastres par cent kilos.

FABRICATIONS	TARIF GÉNÉRAL	TARIF MINIMUM	COEFFICIENTS	UNITÉS SUR LESQUELLES PORTENT LES DROITS	TITRES DE PERCEPTION
Baguettes à manger, articles en bambou et en racine, tamis en bambou et en crin, plateaux, dessus de table, dominos, peignes, machines à compter, cuvettes, malles en bois ordinaire ou en bois de camphre vernies ou non, éventails et autres ouvrages en bois d'origine chinoise, panneaux en bambou peints ou non........	8 fr. oo	8 fr. oo	3	100 k. brut	Décret du 29 décemb. 1898
Articles laqués de Chine............	20 fr. oo	20 fr. oo	4	100 k. brut	Idem
CHAPITRE XXXII **INSTRUMENTS DE MUSIQUE** Instruments de toute sorte d'origine chinoise :					
En bois	10 fr. oo	10 fr. oo	4	100 k. brut	Décret du 29 décemb. 1898
En métal	Régime du métal ouvré au Tarif général			»	Idem
CHAPITRE XXXIII **OUVRAGES DE SPARTERIE ET DE VANNERIE**					
Nattes de Chine....................	3 fr. oo	3 fr. oo	6	100 k. brut	Idem
Chapeaux chinois en écorces, paille ou jonc, articles en rotin, bonnets chinois en crin...................	5 fr. oo	5 fr. oo	3	Idem	Idem
Sacs en paille pour emballage........	2 fr. 50	2 fr. 50		Idem	Idem
Cordages en rotin.................	2 fr. 50	2 fr. 50		Idem	Idem
Bottes et souliers chinois en paille....	5 fr. oo	5 fr. oo	3	Idem	Idem
Meubles en rotin et bambou, d'origine chinoise	5 fr. oo	5 fr. oo	3	Idem	Décret du 26 août 1904.
CHAPITRE XXXIV **OUVRAGES EN MATIERES DIVERSES**					
Coques de bâtiments en fer ou en acier, d'un jaugeage brut de moins de 200 tonneaux	30 fr. oo	30 fr. oo		Le tonneau de jauge	Décrets des 29 décemb. 1898 et 26 août 1904.
Coques de bâtiments en bois d'un jaugeage brut de 200 tonneaux et plus.	40 fr. oo	40 fr. oo		Idem	Idem

FABRICATIONS	TARIF GÉNÉRAL	TARIF MINIMUM	COEFFICIENTS	UNITÉS SUR LESQUELLES PORTENT LES DROITS	TITRES DE PERCEPTION
Bottes et souliers chinois en étoffe, brodés ou non....................	5o fr. oo	5o fr. oo	3	Les 100 paires	Décret du 29 décemb. 1898
Tabletterie chinoise : peignes, boîtes, crochets en corne, ivoire, os, pipes en bois et tous autres objets similaires	75 fr. oo	35 fr. oo	4	100 k. net	Décrets des 29 décemb. 1898 et 3o juin 1911
Bourses brodées ou non et autres objets semblables, d'origine chinoise......	100 fr. oo	100 fr. oo	4	Idem	Décret du 29 décemb. 1898
Eventails en plume ou en étoffe, d'origine chinoise	5o fr. oo	5o fr. oo	4	100 k. net	Idem
Eventails en feuilles de palmier......	5 fr. oo	5. fr. oo	3	100 k. brut	Idem
Eventails en ivoire, nacre, écaille, d'origine chinoise	5o fr. oo	5o fr. oo	4	100 k. net	Idem
Pinceaux chinois à écrire............	10 fr. oo	10 fr. oo	3	100 k. brut	Idem
Allumettes chimiques en bois........	54 fr. oo (26)	54 fr. oo (26)	5	100 k. net	Décret du 10 octobre 1908.
Allumettes chimiques autres........	62 fr. oo (26)	62 fr. oo (26)		100 k. net	Idem

(26) Indépendamment des droits de douane, les allumettes chimiques sont assujetties en Indochine à une taxe de consommation de trente-cinq millièmes de piastre (0,035) par paquet de dix boîtes de 70 allumettes au maximum (arrêté du 27 octobre 1922), elles acquittent en outre une taxe représentative des frais d'exercice de un centième de piastre, par paquet de dix boîtes de 70 allumettes au maximum (arrêté du 7 février 1899). Enfin, elles ont à supporter une taxe de manutention de 3 piastres par caisse (ordre de service du 14 janvier 1909, du Directeur Général des Douanes et Régies de l'Indochine, approuvé le 18 janvier 1909 par le Gouverneur Général de l'Indochine).

TABLEAU DES DROITS DE DOUANE

PERÇUS EN INDOCHINE PAR DÉROGATION AU TARIF MÉTROPOLITAIN

EXPORTATION

Avis important. — Les droits qui dans la Métropole frappent certaines marchandises à l'exportation ne sont pas applicables en Indochine s'ils n'ont pas fait l'objet de décrets spéciaux à la colonie. Il en est de même pour les interdictions à la sortie.

DÉNOMINATION DES PRODUITS	RÉGIME APPLICABLE EN INDOCHINE	UNITÉS SUR LESQUELLES PORTENT LES DROITS	TITRES DE PERCEPTION	OBSERVATIONS
CHAPITRE Iᵉʳ **ANIMAUX VIVANTS (1)**				(1) Dans tous les ports de la Cochinchine et du Tonkin par lesquels l'exportation du bétail est autorisée, un droit de visite sanitaire est perçu en ce qui concerne les animaux des espèces équine, asine, et leurs dérivés, bovine, bubaline, ovine, caprine et porcine destinés à cette exportation. Ce droit de visite est fixé comme suit : chevaux, ânes, mulets : une piastre par tête; bovins et bubalins, cinquante centièmes de piastre par tête; ovins, caprins et porcins, jusqu'à 6 têtes de chaque espèce inclus, dix centièmes de piastre par tête; au-dessus de 6 têtes de chaque espèce, cinq centièmes de piastre par tête. Les droits seront réduits de moitié lorsque la visite du vétérinaire portera sur des groupements de 50 têtes (espèces bovine et bubaline) ou de six têtes seulement (autres espèces) appartenant au même propriétaire. L'espèce chevaline est exceptée de ces dispositions et sera dans tous les cas taxée à plein tarif, ainsi que les ânes et les mulets (arrêtés du 14 décembre 1919 du Gouverneur Général, pour la Cochinchine et du 20 juin 1919 du Résident Supérieur au Tonkin, pour le Tonkin). Les droits de visite sanitaire sont fixés pour l'Annam ainsi qu'il suit : Espèce chevaline : une piastre par tête. Espèces bovine et bubaline : jusqu'à 50 têtes visitées le même jour et appartenant au même exportateur : soixante centièmes de piastre par tête. Au-dessus de 50 têtes : trente centièmes de piastre par tête. Espèces ovine, caprine et porcine : Jusqu'à 50 têtes (à l'exception des ports de Nha-Trang, Hone-Cohé et Phanrang pour lesquels les droits seront de seize centièmes de piastre pour Nhatrang et vingt-quatre centièmes de piastre pour Hone-Cohé et Phanrang) : vingt centièmes de piastre par tête. Au-dessus de 50 têtes (à l'exception des ports de Nha-Trang, Hone-Cohé et Phanrang, pour lesquels les droits seront de huit centièmes de piastre pour Nha-Trang et douze centièmes de piastre pour Hone-Cohé et Phanrang) : dix centièmes de piastre par tête (arrêté du 10 décembre 1919 du Résident Supérieur en Annam). Les droits de visite sanitaire sont fixés pour le Cambodge ainsi qu'il suit : Cinquante centièmes de piastre par tête pour les pays étrangers et pour les animaux des espèces équine, asine et leurs dérivés, bovine et bubaline; vingt centièmes de piastre pour les pays de l'Union Indochinoise; vingt centièmes de piastre par tête pour les pays étrangers et pour les animaux des espèces porcine, ovine et caprine; dix centièmes de piastre pour les pays de l'Union Indochinoise.
Chevaux et poulains.....	20 fr. 00	Tête	Décret du 10 octobre 1908.	
Bœufs, vaches, taureaux, veaux...............	5 fr. 00	Idem	Idem	
Buffles et bufflesses......	20 fr. 00	Idem	Idem	
Porcs.................	2 fr. 00	Idem	Idem	
Cochons de lait au-dessous de 15 kilogrammes....	1 fr. 50	Idem	Idem	
Eléphants..............	500 fr. 00	Idem	Idem	
Autres animaux vivants (2)	Exempts	»	Idem	
CHAPITRE II **PRODUITS ET DEPOUILLES D'ANIMAUX (3)**				
Soie grège et redévidée (4)	100 fr. 00	100 k. net	Décret du 10 octobre 1908.	
Bourres de soie, cocons, frisons, déchets de soie.	15 fr. 00	100 k. brut	Idem	
Nids d'hirondelles.......	600 fr. 00	100 k. net	Idem	
Autres produits non dénommés.............	Exempts	»	Idem	
CHAPITRE III **PECHES**				
Poissons frais de toutes espèces................	1 fr. 00	100 k. brut	Décrets des 10 octobre 1908 et 18 février 1909.	

DÉNOMINATION DES PRODUITS	RÉGIME APPLICABLE EN INDOCHINE	UNITÉS SUR LESQUELLES PORTENT LES DROITS	TITRES DE PERCEPTION	OBSERVATIONS
Poissons secs, fumés ou salés de toutes espèces....	2 fr. 00	100 k. brut	Décret du 10 octobre 1908.	D'une manière générale, les droits de visite sanitaire ne sont pas perçus et la visite n'a pas lieu si le bétail est exporté à destination d'un pays dont les autorités n'exigent pas au débarquement la présentation d'une pièce officielle sanitaire délivrée par les autorités Indochinoises (arrêté du 12 juin 1920 du Gouverneur Général de l'Indochine).
Pâtes de poissons, saumures, etc............	1 fr. 50	Idem	Idem	La ville de Phnom-Penh a été autorisée à percevoir à son profit une taxe représentative des frais de gardiennage, de transit et de surveillance sanitaire fixée à 2 piastres par tête d'animal des espèces bubaline; 1 piastre 50 par tête d'animal des espèces bovine et chevaline, et soixante centièmes de piastre par tête d'animal des espèces porcines exportés par le port de Phnom-Penh (arrêté du 29 août 1922.
Crevettes sèches, biches de mer, ailerons de requins, algues marines........	1 fr. 50	Idem	Idem	Il n'est pas exercé de visite sanitaire au Laos où le Service vétérinaire n'existe encore que théoriquement. L'immatriculation des animaux appartenant aux espèces chevaline, bovine ou bubaline exportés du Laos est, par contre, obligatoire. La taxe d'immatriculation est de vingt-cinq centièmes de piastre par tête (arrêté du 2 mai 1920 du Gouverneur Général de l'Indochine).
Graisses et huiles de poissons	1 fr. 50	Idem	Idem	**Tonkin, Annam, Laos.** L'exportation hors de ces territoires des femelles des espèces bovine et bubaline et des mâles et hongres de ces espèces âgés de moins de cinq ans est interdite. L'abatage des femelles des mêmes espèces en vue de l'exportation à l'état de viande fraîche, en boîtes ou conservée, est également interdit; il en est de même de l'exportation sous la même forme des mâles et hongres des mêmes espèces âgés de moins de cinq ans, sauf en ce qui concerne les veaux ou buffles âgés de moins de vingt mois.
Autres produits non dénommés	Exempts	»	Idem	Les restrictions qui précèdent ne sont pas applicables, en ce qui concerne l'âge, le sexe et le contingentement des animaux abattus ou exportés, au bétail des industriels et colons ayant fait reconnaître par l'administration des entreprises spéciales d'élevage.

CHAPITRE IV
SUBSTANCES ANIMALES BRUTES PROPRES A LA MEDECINE ET A LA PHARMACIE

DÉNOMINATION DES PRODUITS	RÉGIME	UNITÉS	TITRES	OBSERVATIONS
Tous produits	Exempts	»	Idem	L'exportation de ces animaux vivants ou morts n'est autorisée que par certains points déterminés de la frontière (arrêtés du Gouverneur Général du 10 décembre 1919, pour le Tonkin, du 28 août 1919 et du 29 décembre 1921 pour l'Annam et du 8 janvier 1920 pour le Laos).

CHAPITRE V
MATIERES DURES A TAILLER

Tous produits..........	Exempts	»	Idem	**Cambodge.** — L'abatage au Cambodge et l'exportation de ce pays des animaux femelles des races bovine et bubaline âgés de moins de neuf ans sont interdits (arrêté du 29 novembre 1917 du Gouverneur Général).

CHAPITRE VI
FARINEUX ALIMENTAIRES

Paddy et riz cargo renfermant plus de 33 % de paddy.............	3,04 (5)	100 k. brut	Décret du 22 mars 1923.	**Cochinchine.** — Il est interdit d'exporter les animaux de l'espèce bubaline (quel que soit leur âge) provenant de la Cochinchine ou acquis dans ce pays. Pourront seuls être exportés les animaux de cette catégorie en transit provenant d'autres pays de l'Union Indochinoise, sous réserve qu'ils soient accompagnés d'un certificat d'origine et que l'exportation hors du pays dont ils sont originaires soit autorisée.
Riz cargo renfermant moins de 33 % de paddy.....	1,68 (5)	Idem	Idem	Il est également interdit d'exporter par les ports de Cochinchine : 1° les femelles des espèces bovine et bubaline sans exception; 2° les taureaux et bœufs âgés de moins de cinq ans; 3° les viandes provenant des animaux de l'espèce bubaline ou des femelles de l'espèce bovine sans exception 4° les viandes provenant des mâles et hongres de l'espèce bovine âgés de moins de cinq ans, exception faite pour les viandes provenant de veaux âgés de moins de 20 mois.
Riz blanc	1,28 (5)	Idem	Idem	
Farines et brisures de riz.	0,12 (5)	Idem	Idem	(2) L'exportation par les frontières de terre des chiens de forte race, interdite en France, est libre en Indochine.
Autres produits non dénommés	Exempts	»	Idem	(3) Voir au chapitre précédent les restrictions d'ordre local concernant le bétail exporté à l'état de viande fraîche, en boîtes ou conservée.

CHAPITRE VII
FRUITS ET GRAINES

Anis étoilé	50 fr. 00	100 k. brut	Décrets des 10 octobre 1908 et 18 février 1909.	
Autres produits non dénommés	Exempts	»	Décret du 10 octobre 1908.	

DÉNOMINATION DES PRODUITS	RÉGIME APPLICABLE EN INDOCHINE	UNITÉS SUR LESQUELLES PORTENT LES DROITS	TITRES DE PERCEPTION
CHAPITRE VIII **DENRÉES COLONIALES DE CONSOMMATION**			
Sucre blanc	5 fr. 00	100 k. brut	Décrets des 10 octobre 1906 et 18 février 1909.
Sucre brun	2 fr. 00	Idem	Décret du 10 octobre 1908.
Déchets, mélasses et cannes à sucre fraîches	1 fr. 00	Idem	Idem
Amomes et cardamomes	10 fr. 00	Idem	Idem
Cannelle	120 fr. 00	100 k. net	Idem
Autres produits non dénommés (6)	Exempts	»	Idem
CHAPITRE IX **HUILES ET SUCS VÉGÉTAUX**			
Essence de badiane	200 fr. 00	100 k. net	Décret du 10 octobre 1908.
Gomme laque et stick laque	10 fr. 00	100 k. brut	Idem
Huiles à laquer	35 fr. 00	100 k. brut	Idem
Opium (7)	Prohibé	»	Décret du 23 juin 1922.
Autres produits non dénommés	Exempts		Décret du 10 octobre 1908.
CHAPITRE X **ESPÈCES MÉDÉCINALES**			
Tous produits	Exempts	»	Idem
CHAPITRE XI **BOIS**			
Charbon de bois	0 fr. 20	100 k. brut	Idem
Autres produits non dénommés	Exempts	»	Idem
CHAPITRE XII **FILAMENTS, TIGES ET FRUITS À OUVRER**			
Coton brut	2 fr. 00	100 k. brut	Idem
Coton égrené	3 fr. 00	Idem	Idem
Autres produits non dénommés	Exempts	»	Idem

OBSERVATIONS

(4) Jusqu'au 31 décembre 1926 inclus les soies grèges filées à l'européenne, provenant du Cambodge et exportées sur la France et les Colonies françaises bénéficient d'une prime ainsi établie au kilogramme :

Une piastre pour chacune des années 1922 et 1923.

Quatre-vingt centièmes de piastre pour l'année 1924;

Soixante centièmes de piastre pour l'année 1925;

Et trente centièmes de piastre pour l'année 1926.

(5) Indépendamment des droits de douane à l'exportation, les riz, paddys, farines et brisures de riz acquittent une taxe représentative de l'impôt foncier fixée par arrêté du 31 mars 1923 et dont la quotité, variable selon l'état dans lequel les produits sont présentés, est la suivante :

Paddy et riz cargo contenant plus de 33 % de paddy, 24 centièmes de piastre par 100 kilos.

Riz cargo contenant moins de 33 % de paddy, 30 centièmes de piastre par 100 kilos.

Riz blanc, 36 centièmes de piastre par 100 kilos.

Brisures, 18 centièmes de piastre par 100 kilos.

Farines, 10 centièmes de piastre par 100 kilos.

Les riz, paddys et farines exportés par le port de Saigon sont, en outre, frappés d'une taxe d.te d'outillage fixée par arrêté du 28 juin 1922 aux quotités suivantes :

Riz, par 100 kilos, 5 centièmes de piastre. Paddy ou farines, par 100 kilos, 3 centièmes de piastre.

Les brisures demeurent exemptes de ces taxes.

Enfin, les riz et dérivés du riz sont assujettis à la taxe de statistique qui s'élève à quatre centièmes de piastre par tonne métrique de 1.000 kilos ou par mètre cube pour les marchandises en vrac et à deux centièmes de piastre pour les marchandises en futailles, caisses, sacs ou autres emballages (arrêtés des 19 décembre 1914 et 17 mars 1920).

Les restrictions d'ordre local actuellement en vigueur sont les suivantes :

Cochinchine. — Pas de restrictions spéciales.

Cambodge. — Pas de restrictions spéciales.

Laos. — L'exportation des riz, des paddys et de leurs dérivés provenant des provinces d'Attopeu et de Bassac, destinés aux autres provinces du Laos, au reste de l'Indochine, à la Métropole et aux pays étrangers est interdite (arrêté du 27 septembre 1919). Toutefois, l'exportation des riz, paddys et dérivés récoltés dans la province d'Attopeu et destinés à l'approvisionnement de la province cambodgienne du Stung-Treng est autorisée (arrêté du 13 avril 1920).

Annam. — Pas de restrictions spéciales.

.Tonkin. — Pas de restrictions spéciales.

(6) Parmi les « autres produits non dénommés » du chapitre VIII figurent les poivres. Un décret du 30 mai 1922 a fixé à 500 tonnes pour la Cochinchine et à 2.000 tonnes pour le Cambodge les quantités de poivres admises annuellement en France au bénéfice de la détaxe coloniale pendant les années 1922, 1923 et 1924. Les poivres appelés à bénéficier de cette détaxe doivent être accompagnés de certificats d'origine spéciaux établis par la douane du port de Saigon.

(7) La sortie, la réexportation après mise en entrepôt ou dépôt, le transit et le transbordement de l'opium et des produits opiacés, sont prohibés à destination des pays autres que la France, sauf dérogations accordées par le Gouverneur Général sur le vu d'une licence délivrée par le Gouvernement du pays importateur (décret du 23 juin 1922).

(8) L'exportation ou la réexportation, à des-

DÉNOMINATION DES PRODUITS	RÉGIME APPLICABLE EN INDOCHINE	UNITÉS SUR LESQUELLES PORTENT LES DROITS	TITRES DE PERCEPTION	OBSERVATIONS
CHAPITRE XIII **TEINTURES ET TANINS**				tination des pays autres que la France, les colonies françaises et les pays de protectorat français des marchandises suivantes : or, platine et argent, bruts en masses, lingots, barres, poudre, objets détruits, est subordonnée à l'obtention d'une autorisation d'exportation délivrée par le Ministre des Colonies (décret du 9 juillet 1921).
Cunao.................	1 fr. 00	100 k. brut	Décret du 10 octobre 1908	
Autres produits non dénommés..........	Exempts	»	Idem	
CHAPITRE XIV **PRODUITS ET DECHETS DIVERS**				
Tous produits..........	Exempts	»	Idem	
CHAPITRE XV **BOISSONS**				
Tous produits...........	Exempts	»	Idem	
CHAPITRE XVI **MARBRES, PIERRES, TERRES, COMBUSTIBLES MINERAUX, etc.**				(9) Les combustibles extraits en Indochine et les produits industriels dérivés, les minerais extraits en Indochine et les produits d'enrichissement de ces minerais par des procédés physiques, métallurgiques ou chimiques, les métaux, étain, or et argent, à l'exception de tous autres, sont passibles, lorsqu'ils ne sont pas consommés en Indochine des taxes indiquées ci-dessous :
Tous produits (9)........	Exempts	»	Idem	Charbon menu et tout venant, 4 centièmes de piastre par tonne (0 p. 04).
CHAPITRE XVII **METAUX (8)**				Charbon cribé ou calibré, 10 centièmes de piastre, par tonne (0 p. 10). Agglomérés, cokes et mélanges de charbons dans la composition desquels entre du charbon extrait en Indochine, 10 centièmes de piastre par tonne (0 p. 10).
Tous produits (9) (9 *bis*)..	Exempts	»	Idem	Minerais d'étain et minerais de wolfram, 15 piastres par tonne (15 p.). Tous autres minerais bruts ou leurs produits d'enrichissement, une piastre par tonne (1 p.).
CHAPITRE XVIII **PRODUITS CHIMIQUES**				Etain métal, trente piastres par tonne. Or en lingots (quel qu'en soit le titre), 10 piastres par kilogramme (10 p.). Argent en lingots (quel qu'en soit le titre), 50 centièmes de piastre par kilogramme (0 p. 50).
Tous produits (10).......	Exempts	»	Idem	Toutefois, le Gouverneur Général peut, par des arrêtés spéciaux, valables pour trois ans au plus, mais renouvelables, réduire les taxes frappant des minerais, des produits d'enrichissement ou des métaux déterminés (décret du 23 novembre 1918).
CHAPITRE XIX **TEINTURES PREPAREES**				Pour favoriser la création d'usines métallurgiques de fer, de plomb et zinc dans la colonie, le décret du 23 novembre 1918 a exonéré de tous droits les métaux autres que l'or, l'argent et l'étain.
Tous produits........... ..	Exempts	»	Idem	(9 bis) L'exportation des minerais d'urane (pechblende) à destination des pays autres que la France, les colonies et pays de protectorat est prohibée (décret du 6 août 1922).
CHAPITRE XX **COULEURS**				(10) La sortie, la réexportation après mise en entrepôt ou dépôt, le transit ou le transbordement de l'opium et des produits opiacés, morphine, cocaïne et leurs sels respectifs, sont prohibés à destination des pays autres que la France, sauf dérogation délivrée par le Gouverneur Général sur le vu d'une licence délivrée par le Gouvernement du pays importateur. (Décret du 23 juin 1922).
Tous produits..........	Exempts	»	Idem	L'exportation des préparations dites : anti-opium » est interdite (décret du 16 juillet 1919).
CHAPITRE XXI **COMPOSITIONS DIVERSES**				
Tous produits........ ../....	Exempts	»	Idem	

DÉNOMINATION DES PRODUITS	RÉGIME APPLICABLE EN INDOCHINE	UNITÉS SUR LESQUELLES PORTENT LES DROITS	TITRES DE PERCEPTION	OBSERVATIONS
CHAPITRE XXII POTERIES				
Tous produits...........	Exempts	»	Décret du 10 octobre 1908.	
CHAPITRE XXIII VERRES ET CRISTAUX				
Tous produits...........	Exempts	»	Idem	
CHAPITRE XXIV FILS				
Tous produits...........	Exempts	»	Idem	
CHAPITRE XXV TISSUS				
Tous produits...........	Exempts	»	Idem	
CHAPITRE XXVI PAPIERS (11)				(11) L'exportation ou la réexportation, à destination des pays autres que la France, les colonies françaises et les pays de protectorat français des Papiers représentatifs de la monnaie et des monnaies d'or, d'argent, de cuivre et de billon, est subordonnée à l'obtention d'une autorisation d'exportation délivrée par le Ministre des Colonies (décret du 9 juillet 1921).
Contrefaçons en librairie	Prohibées	»	Loi du 11 novembre 1892.	
Autres produits non dénommés..............	Exempts	»	Décret du 10 octobre 1908.	
CHAPITRE XXVII PEAUX ET PELLETERIES OUVRÉES				
Tous produits...........	Exempts	»	Idem	
CHAPITRE XXVIII OUVRAGES EN MÉTAUX (11)				(12) L'exportation hors d'Annam des sapèques de toutes catégories est interdite (arrêté du 30 décembre 1919 du Gouverneur Général de l'Indochine). (13) L'exportation de toutes armes de guerre, des pièces d'armes de guerre et des munitions de guerre à destination de la Chine et des pays limitrophes de la Chine est prohibée, sauf les exceptions qui pourront être autorisées sous des conditions déterminées par le Ministre des Finances, après entente avec le Ministre des Affaires étrangères. L'exportation des objets ci-dessus visés pour toutes autres destinations est autorisée dans les conditions fixées par la loi du 14 août 1885 et sous réserve de garanties indiquées dans un décret du 8 novembre 1919. Voir les arrêtés du 21 décembre 1920 du Gouverneur Général, relatifs à l'exportation ou la réexportation des armes d'escrime à destination des pays limitrophes de l'Indochine et aux demandes d'achat d'armes et de munitions à destination des mêmes pays.
Tous produits (12)........	Exempts	»	Idem	
CHAPITRE XXIX ARMES, POUDRES ET MUNITIONS				
Armes de guerre (13).....	Exemptes	»	Idem	
Munitions de guerre (13)	Exemptes	»	Idem	
Autres produits non dénommés..............	Exempts	»	Idem	

DÉNOMINATION DES PRODUITS	RÉGIME APPLICABLE EN INDOCHINE	UNITÉS SUR LESQUELLES PORTENT LES DROITS	TITRES DE PERCEPTION	OBSERVATIONS
CHAPITRE XXX **MEUBLES** Tous produits...........	Exempts	»	Décret du 10 octobre 1908	
CHAPITRE XXXI **OUVRAGES EN BOIS** Tous produits...........	Exempts	»	Idem	
CHAPITRE XXXII **INSTRUMENTS DE MUSIQUE** Tous produits...........	Exempts	»	Idem	
CHAPITRE XXXIII **OUVRAGES DE SPARTERIE ET DE VANNERIE** Tous produits...........	Exempts	»	Idem	
CHAPITRE XXXIV **OUVRAGES EN MATIÈRES DIVERSES (14)** Tous produits...........	Exempts	»	Idem	(14) L'exportation des bâtiments de mer est prohibée (décrets du 13 octobre et 15 décembre 1921).

Tableau des Pays bénéficiant en Indochine de Tarifs plus favorables que le Tarif général [1]

1° Pour la totalité des produits repris au tarif minimum :

Belgique, Colombie, Danemark (y compris l'Islande et les îles Feroë, considérées comme dépendances européennes du Danemark), Egypte, Equateur, Grande-Bretagne (y compris l'Irlande et les îles de Jersey, Guernesey et Aurigny), Grèce (y compris la Crète), Luxembourg, Maroc, Mexique, Monténégro, Norvège, Paraguay, Pays-Bas, Perse, République Argentine, République Dominicaine, Russie, Suède, Suisse, Turquie (pour les produits de Samos, Chio, Rhodes, Mithylène, Chypre et autres îles asiatiques de la Turquie, ainsi que de Bassorah et des territoires de la Palestine et de la Syrie occupés par les Alliés), Uruguay.

2° Pour une partie seulement des produits inscrits au tarif minimum et au tarif général antérieur au 28 mars 1921

PRODUITS AUXQUELS EST LIMITÉ LE BÉNÉFICE DU TARIF	DÉSIGNATION DES PAYS
Denrées coloniales autres que le sucre et ses dérivés, les tabacs et le cacao.	Brésil.
Produits divers inscrits au décret du 12 mars 1921.	Canada.
Produits divers inscrits à la loi du 29 mars 1910 et aux décrets des 29 mars 1910 et 4 avril 1910. Les droits du tarif général antérieur au 29 mars 1910 continuent en outre à être appliqués en vertu des mêmes textes à certains produits et marchandises originaires des pays désignés ci-contre.	Etats-Unis de l'Amérique du Nord et île de Porto-Rico.
Produits divers inscrits au décret du 11 juillet 1922. Les droits du tarif général avec un pourcentage de réduction sont, d'autre part, applicables à certains produits en vertu du même décret.	Espagne, Iles Baléares, Iles Canaries et possessions espagnoles.
Produits divers inscrits au décret du 27 juillet 1922. Les droits du tarif général avec un pourcentage de réduction sont, d'autre part, applicables à certains produits en vertu du même décret.	Esthonie.
Denrées coloniales autres que le sucre et ses dérivés et que les tabacs.	Antilles danoises, Barbade (île de la), Ceylan (île de), Chine, Colonies néerlandaises, Congo (Etat indépendant du), Corée, Etablissements anglais des Détroits (île de Singapore, province de Malacca et des Dindings, île de Poulo-Pinang et province de Wellesley), Etats fédérés Malais (Jelebu, Johore, Pahang, Perak, Selangar et Sungei-Ujong), Ethiopie, Honduras (République du), Hong-Kong (colonie de), Indes anglaises et Etats indigènes assimilés (Travancore, Cochin, Sachin, Janjira, Cambay, Cutch, Baroda, Junaghad, Navnagar, Bhavnagar, Porbander, Morvi, Jafrabad), Jamaïque (la), Libéria (République de), Mascate, Protectorats britanniques de l'Est Africain, du Centre Africain et de l'Ouganda, Seychelles (îles), Siam, Zanzibar (Sultanat de).
Fruits de table confits ou conservés autres : ananas; cire de lignite, paraffine, extraits de noix de galle et de sumac, de châtaigniers et autres extraits tannants, liquides ou concrets, tirés des végétaux; extraits de quebracho liquides, extraits de quebracho concrets.	Indes et Etats indigènes assimilés, Etablissements des Détroits, Bornéo; Afrique du Sud.

(1) Le tarif minimum ne joue pas pour les articles qui sont repris aux rubriques du tarif spécial à l'Indochine.

PRODUITS AUXQUELS EST LIMITÉ LE BÉNÉFICE DU TARIF MINIMUM	DÉSIGNATIONS DES PAYS
Produits divers inscrits au tableau B annexé au décret du 4 mai 1923.	Guatemala.
Voir décret du 26 novembre 1922.	Italie.
Produits repris aux listes annexées au décret du 20 juillet 1921.	Finlande.
Café, cacao, poivre, piment, amomes et cardamomes, cannelle, cassia lignea, muscades, macis; girofle, vanille, huiles de palme, de coco, de touloucouna, d'illipé, de palmiste, de ricin, de pulghère et huiles assimilées, baumes, caoutchouc, bois de toutes essences et indigo.	Nicaragua (République du).
Produits divers inscrits au décret du 19 juin 1922. Les droits du tarif général avec un pourcentage de réduction, sont d'autre part applicables à certains produits en vertu du même décret.	Pologne.
Denrées coloniales (autres que le sucre et ses dérivés et que les tabacs), indigo, caoutchouc brut, bananes et huiles fixes pures.	Salvador (République du).

TARIF GENERAL

Le décret du 28 mars 1921 portant relèvement des droits pour les marchandises passibles du Tarif Général n'a été promulgué qu'en partie en Indochine par l'arrêté du 5 juillet 1922.

Les marchandises pour lesquelles l'application du décret du 28 mars 1921 a été différée par cet arrêté du 5 juillet 1922 sont indiquées au tableau ci-dessous :

NUMÉRO DU TABLEAU DES DROITS	RUBRIQUES	NUMÉRO DU TABLEAU DES DROITS	RUBRIQUES
33	Cire brute.	015	Acide chlorhydrique ordinaire.
84	Fruits de table frais.	062	Phosphore rouge.
89	Graines à ensemencer.	073	Acide sulfurique.
110	Huiles fixes pures.	0131	Sulfate de fer.
111	Huiles fixes aromatisées.	0367	Quinine et ses sels.
123	Opium.	307	Talc pulvérisé.
142 bis	Chanvre peigné.	319	Fécules de pommes de terre, maïs et autres.
158	Légumes frais.		
158	Légumes salés ou confits.	324	Colle de poisson, de tendons de baleines et autres similaires.
158	Légumes desséchés.		
172	Vinaigres autres que ceux de parfumerie.	331	Poteries réfractaires en terre commune.
172 ter	Bière.	336 et 337	Autres poteries en terre commune.
185	Ciment à prise lente.	338	Poteries cuites en grès.
185	Ciment à prise rapide.	339	Tuyaux de toutes formes.
199	Paraffine.	340	Poteries autres communes de toutes sortes.
199	Vaseline.		
211	Fer étamé.	343 et 344	Faïence à pâte commune et stannifère.
221	Cuivre pur ou allié de zinc, d'étain, d'aluminium ou de manganèse.	345 et 346	Faïences fines et majoliques.
		347	Porcelaine.
221	Cuivre doré ou argenté.	350	Gobeleterie de verre et de cristal.
222	Plomb.	351	Verres à vitres.

NUMÉRO DU TABLEAU DES DROITS	RUBRIQUES	NUMÉRO DU TABLEAU DES DROITS	RUBRIQUES
359	Bouteilles, fioles et flacons ordinaires pleins ou vides.	400 *bis*	Passementerie, rubanerie, lacets.
359 *quinquiès*	Bouteilles à bague percée.	401	Tapis ras ou à poils.
363 et 363 *bis*	Fils de lin, de chanvre, de ramie purs.	402	Velours et peluches pour ameublement et imitation de fourrures.
365 et 365 *bis*	Fils de jute pur.	404 à 421	
366 *bis*	Fils de phormium-tenax, d'abaca ou d'autres végétaux filamenteux non dénommés.	424 à 426	Tissus de coton pur ou mélangé.
		428 à 437	
367	Fils polis, ficelles, cordages en chanvre, lin, ramie, jute, etc.	459 *bis*	Broderies.
		460	Vêtements.
368	Fils de coton pur, simples, écrus, mesurant au kilogramme 61.000 mètres ou moins.	460 *bis*	Cravates, cols-cravates.
		460 *ter*	Faux-cols et manchettes, devants et plastrons de chemises.
369	Fils de coton pur retors, en échevettes ordinaires, à 4 bouts ou plus, à simple ou double torsion.	464	Carton assemblé en boîtes.
		504 à 509	Horlogerie gros volume.
		549	Ciseaux de tailleurs.
	Fils de coton pur fabriqués, en pelotes, bobines, etc., à simple ou double torsion.	557 *bis*	Ouvrages en fonte moulée : poteries et autres objets.
379	Fils de bourre de soie.	568	Articles de ménage et tous articles en fer, en acier ou en tôle noire.
380	Fils de soie à coudre, à broder, à passementerie, mercerie et autres.	569	Moulins à café, articles d'économie domestique, presse-viande.
394 à 396	Tissus de jute.	572	Chaudronnerie de cuivre.
399	Tresses en fils de jute.	574	Articles de lampisterie et de ferblanterie ouvragés.
400	Semelles en fils de jute.	575	Autres objets non dénommés.

N. B. Les graines à ensemencer, l'opium, le chanvre peigné, la bière, les fils de coton pur simples, écrus (jusqu'à 41.000 mètres au kilogramme), les fils de soie à broder, les tissus de jute, semelles en fils de jute, passementerie, rubanerie de jute, tapis ras ou à poils en jute, velours et peluches pour ameublement et imitation de fourrures en jute étant assujettis en Indochine aux droits du tarif spécial, la promulgation du décret du 28 mars 1921 aurait été inopérante pour ces différentes rubriques.

DROITS ET TAXES ACCESSOIRES DE DOUANE

DROIT DE STATISTIQUE

Le droit de statistique est dû sur les marchandises de toute nature et de toute provenance importées en Indochine ou exportées de l'Indochine pour quelque destination que ce soit.

Le droit de statistique est perçu à raison de :

Quatre centièmes de piastre par tonne métrique de 1.000 kilogs ou par mètre cube, d'après l'unité de perception inscrite au tarif des douanes, sur les marchandises en futailles, caisses, sacs ou autres emballages.

Quatre centièmes de piastre par tête sur les animaux vivants ou abattus des espèces chevaline, bovine, ovine, caprine et porcine.

Deux centièmes de piastre pour les animaux ou marchandises ayant simplement transité.

La perception n'a lieu qu'une fois, soit à l'entrée, soit à la sortie du territoire pour les animaux ou marchandises ayant simplement transité; les marchandises placées en entrepôt ou en dépôt n'acquittent également le droit qu'une seule fois à l'entrée ou à la sortie.

Un certain nombre de marchandises emballées ne sont taxées qu'à la tonne métrique ou par groupe de colis; le mètre cube est d'autre part substitué parfois à la tonne métrique comme unité de perception pour certaines marchandises en vrac. En général, ces exceptions sont les mêmes en Indochine que dans la Métropole. Il en est de même pour les exemptions (bagages des voyageurs, colis postaux, échantillons sans valeur marchande, houilles pour l'avitaillement des navires, lest, etc., etc.).

La taxe pour le développement du commerce extérieur instituée en France par la loi du 25 août 1919 n'est pas applicable en Indochine.

DROIT DE TRANSIT

Il est accordé une détaxe de 80 % sur les droits d'importation pour les marchandises étrangères transitant à travers l'Indochine française. Cette détaxe ne joue pour le pourcentage indiqué qu'autant que les traités et conventions conclus entre la France et les pays limitrophes de l'Indochine ne contiennent pas de dispositions contraires.

La détaxe joue sur les droits d'importation antérieurs à la mise en vigueur en Indochine des décrets du 28 mars 1921 et subséquents.

SURTAXES D'ENTREPOT

Les surtaxes d'entrepôt établies par l'article 2 de la loi du 11 janvier 1892 et applicables aux produits d'origine extra-européenne importés d'un pays d'Europe ne sont pas perçues en Indochine (décret du 29 novembre 1892).

JUSTIFICATIONS D'ORIGINE

Marchandises venant de France. — Pendant la durée des hostilités, le Service des Douanes de l'Indochine, tenant compte des perturbations apportées dans le fonctionnement des services de transit de la Métropole par la mobilisation générale, avait accordé au commerce de larges tolérances quant à l'obligation de produire des pièces justificatives de l'origine des marchandises provenant de France.

Des instructions viennent d'être données aux bureaux de visite de la colonie pour que les importateurs soient invités à justifier, comme par le passé, de l'origine des marchandises importées de France, à l'aide d'un passavant levé au port d'embarquement (pour les marchandises françaises exemptes de droits de sortie en France) ou d'un acquit-à-caution (pour les marchandises étrangères qui n'auraient fait que transiter à travers la France sans acquitter les droits d'importation et pour les marchandises françaises ou étrangères passibles en France de droits de sortie ou de taxes de consommation). D'autre part, les marchandises doivent toujours faire l'objet d'une inscription au manifeste douanier du navire importateur.

Il appartient aux négociants et industriels de l'Indochine d'exiger de leurs correspondants dans les ports l'accomplissement de toutes les formalités en douane au départ de la marchandise. L'oubli de ces formalités peut entraîner l'application du tarif ou, si le destinataire accepte de passer une soumission, des retards et complications qu'il est facile d'éviter en observant les règlements en vigueur.

Lorsque le passavant ou l'acquit à caution ne peuvent être représentés parce qu'ils ont été égarés, perdus ou détruits, les expéditeurs peuvent se faire délivrer par les Chambres de Commerce françaises des certificats d'origine. Mais, pour être valables, ces certificats doivent être visés par la Douane du port d'embarquement, mentionner le numéro et la date des passavants délivrés et porter attestation par la douane métropolitaine que les dits certificats se rapportent aux marchandises figurant sur les passavants. Ils contiendront, en outre, toutes les indications susceptibles de permettre l'identification des colis à l'arrivée.

En résumé, des délais pour la justification de l'origine ne peuvent être utilement accordés aux importateurs que dans le cas où les pièces réglementaires établies au port d'embarquement ne sont pas parvenues pour un motif quelconque (retard, perte, etc.), au port de destination. En ce cas seulement, la douane française peut être appelée à délivrer l'attestation que les formalités réglementaires avaient bien été accomplies en temps utile.

Marchandises venant de l'étranger. — Lorsqu'il s'agit de marchandises provenant, directement ou non, d'un pays qui ne bénéficie pas du tarif minimum à l'entrée en Indochine, aucune justification de l'origine n'est exigible. Pour les marchandises provenant des pays admis au bénéfice du tarif réduit, un certificat d'origine, visé par le Consul de France du lieu de production, peut être exigé par la douane du port de destination quand le simple examen ne permet pas de déterminer, sans doute possible, la nationalité d'origine.

Transport direct. — Dans tous les cas où un régime de faveur est demandé pour une marchandise en raison de son origine, le transport direct est de règle. Toutefois, les marchandises d'Alsace, de Lorraine et de la Sarre exportées viâ Strasbourg et Anvers à destination des colonies et autres établissements français d'outremer ne perdent pas le bénéfice de leur origine. Il en est de même pour les marchandises provenant des colonies et acheminées inversement par la même voie à destination de l'Alsace, de la Lorraine et de la Sarre. Mais cette dérogation n'est licite qu'autant que le transport maritime des marchandises serait dans l'un et l'autre cas effectué sous pavillon français, et que la voie fluviale serait seule utilisée dans le trajet Anvers-Strasbourg ou inversement.

Régime applicable

aux produits de l'Indochine, importés directement en France et accompagnés des justifications d'origine réglementaires

N°ˢ	NATURE DES PRODUITS	DROITS APPLICABLES	OBSERVATIONS
90	Sucres bruts destinés au raffinage............................	5o fr. oo	Les 100 k. net de sucre raffiné.
90	Sucres bruts autres..	5o fr. oo	Par 100 k. (poids net effectif).
90	Sucres raffinés et agglomérés, autres que candis...............	5o fr. oo	Idem
90	Sucres raffinés et agglomérés, candis........................	53 fr. 5o	Idem
92	Mélasses autres que pour la distillation ayant en richesse : saccharine absolue, 5o % ou moins...........................	19 fr. 5o (1)	Par 100 k.
	plus de 5o %..	4o fr. 9o (1)	Idem
93	Sirops, bonbons, fruits confits au sucre.....................	5o fr. oo (1)	Idem
94	Biscuits sucrés	25 fr. oo (1)	Idem
95	Confitures au sucre ou au miel.............................	25 fr. oo (1)	Idem
99	Poivres (2)	208 fr. oo (3)	100 k. net
—	Produits coloniaux non spécifiés ci-dessus...................	Exempts	»
—	Produits d'origine étrangère réexportés de l'Indochine et importés en France..	Droits du tarif métropolitain (4)	»

Nota. — Les tabacs de l'Indochine ne peuvent être introduits en franchise que pour le compte des manufactures de l'Etat; en dehors de cette destination, ils demeurent passibles des conditions du tarif général. Les allumettes chimiques, les bois préparés pour allumettes et la saccharine sont également soumis aux conditions de ce tarif.

(1) Non compris la taxe de raffinage de 2 francs par 100 kilos.

(2) La détaxe de 104 francs sur le droit des poivres étrangers (312 f. T. M.) acquise aux poivres de l'Indochine, ne joue que jusqu'à concurrence d'un crédit annuel fixé par décret tous les trois ans, soit 2.500 tonnes (Cambodge : 2.000; Cochinchine : 5oo) pour les années 1922, 1923 et 1924.

(3) Non compris la taxe intérieure de 208 francs par 100 kilos.

(4) Les denrées coloniales d'origine étrangère importées en France dans ces conditions y seraient admises sous déduction des taxes spéciales qu'elles auraient acquittées dans la colonie. Les autres marchandises acquittent les droits du tarif métropolitain sans préjudice de ceux qu'elles ont pu acquitter en Indochine.

BIBLIOTHEQUE NATIONALE DE FRANCE
3 7531 004208091